우리 숲을 지키는
도토리나무 육 형제

우리 숲을 지키는
도토리나무 육형제

초판 1쇄 발행 2009년 6월 25일
초판 11쇄 발행 2020년 12월 11일
글쓴이 이상배
그린이 조미자
펴낸곳 해와나무
펴낸이 김사라
편집 방일권, 이경희, 김소라
표지 디자인 이안디자인
본문 디자인 윤선화
출판 등록 2004년 2월 14일 제312-2004-000006호
주소 서울특별시 영등포구 양산로23길 17 2층
전화 (02)364-7675(내용), 362-7675(구입) | 팩스 (02)312-7675
ISBN 978-89-6268-027-0 73400
ⓒ 이상배, 조미자 2009

- 값은 뒤표지에 있습니다.
- 책 내용의 일부 또는 전부를 인용하거나 발췌하려면 반드시 저작권자와 출판사 양측의 서면 동의를 구해야 합니다.

제조자명:해와나무 제조국명:대한민국 제조년월:2020년 12월 11일 대상 연령:8세 이상
전화번호:02-362-7675 주소:서울특별시 영등포구 양산로23길 17 2층
* KC마크는 이 제품이 공통안전기준에 적합하였음을 의미합니다.
주의:책의 모서리에 다치지 않게 주의하세요.

우리 숲을 지키는
도토리 나무 육 형제

이상배 글 | 조미자 그림

해와나무

| 지은이의 말 |

아낌없이 모든 것을 주는 참 좋은 나무

우리 어린이들은 나무의 이름을 얼마나 알고 있나요?

소나무, 오리나무, 사시나무, 밤나무, 너도밤나무, 가시나무, 단풍나무, 백양나무, 잣나무, 쪽나무, 버드나무, 미루나무, 느티나무, 박달나무, 향나무, 참나무……

이름은 알고 있지만 그 생김새나 열매를 본 적이 있나요?

나무는 산과 들, 강, 마을, 길, 어디에서든 자랍니다. 생명의 색인 초록색으로 무성하게 자라고, 꽃을 피우고, 열매를 맺습니다. 어디에서든 쉽게 우리들 눈에 들어오는 나무이기에 우리는 나무에 대한 관심이 적은지도 모릅니다. 저절로 나서 저절로 자라고, 저절로 꽃 피우고, 저절로 열매를 맺어 관심이 적은지도 모릅니다. 맞습니다. 나무는 저절로 쑥쑥 나이테를 더하며 자랍니다.

그렇게 잘 자라는 나무 중에 가장 흔하고 친숙한 나무는 어떤 나무일까요?

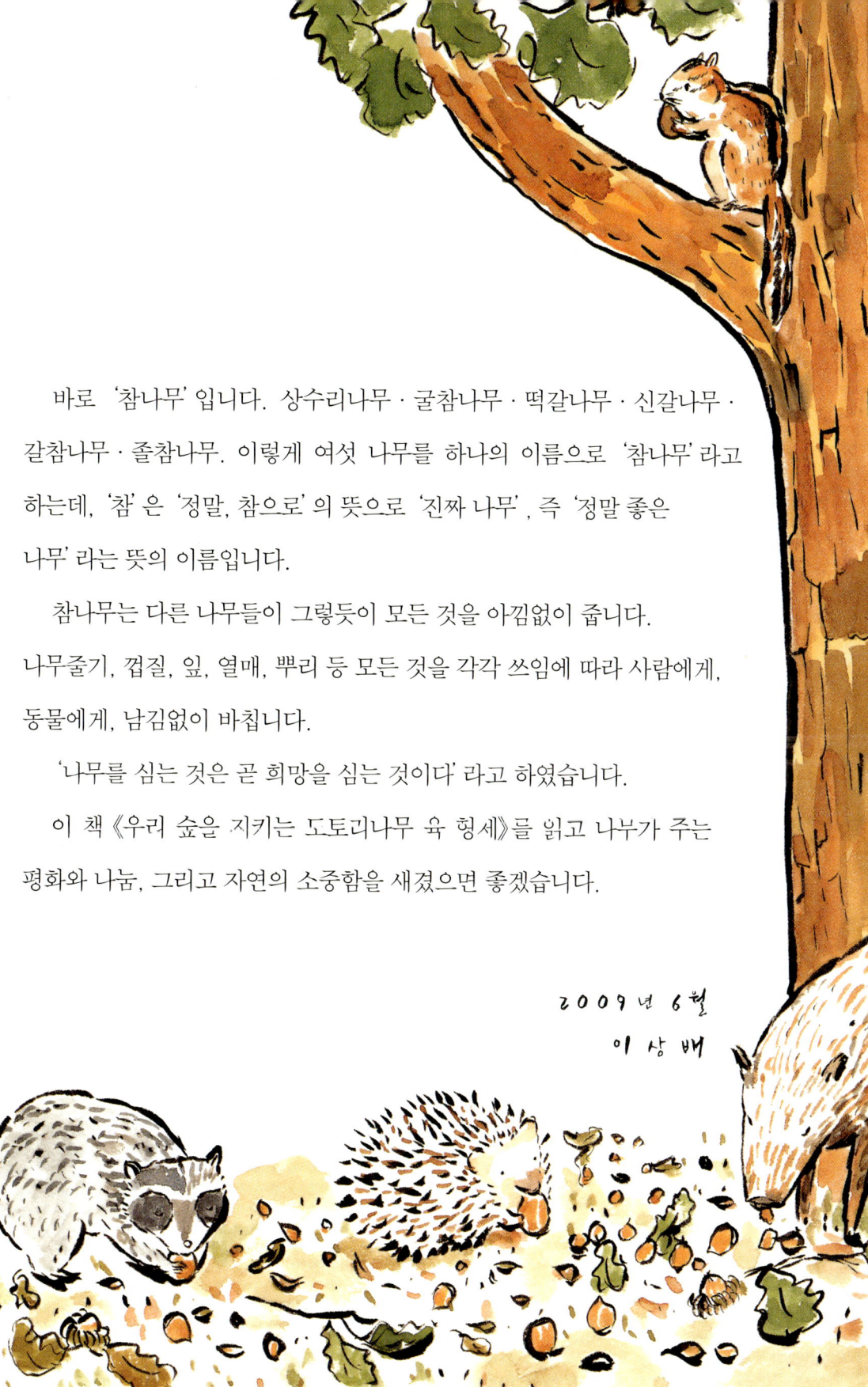

바로 '참나무'입니다. 상수리나무·굴참나무·떡갈나무·신갈나무·갈참나무·졸참나무. 이렇게 여섯 나무를 하나의 이름으로 '참나무'라고 하는데, '참'은 '정말, 참으로'의 뜻으로 '진짜 나무', 즉 '정말 좋은 나무'라는 뜻의 이름입니다.

참나무는 다른 나무들이 그렇듯이 모든 것을 아낌없이 줍니다. 나무줄기, 껍질, 잎, 열매, 뿌리 등 모든 것을 각각 쓰임에 따라 사람에게, 동물에게, 남김없이 바칩니다.

'나무를 심는 것은 곧 희망을 심는 것이다'라고 하였습니다.

이 책 《우리 숲을 지키는 도토리나무 육 형제》를 읽고 나무가 주는 평화와 나눔, 그리고 자연의 소중함을 새겼으면 좋겠습니다.

2009년 6월
이 상 배

| 차례 |

지은이의 말	··· 4
왜 '참나무'라고 할까?	··· 8
도토리의 비밀	··· 21
도토리로 무얼 할까?	··· 28
임금님 수라상에 오른 도토리 진짜 참나무, 상수리나무	··· 39
시원하고 따뜻한 굴피 집 천연기념물이 된 굴참나무	··· 46

잎으로 떡을 싸요
잎이 가장 큰 떡갈나무 ... 52

짚신에 깔아 신어요
도토리가 가장 많이 열리는 신갈나무 ... 58

제일 키가 크고 잘생겼어요
단풍이 아름다운 갈참나무 ... 64

묵 맛이 제일 좋아요
열매가 작아 졸이 된 졸참나무 ... 69

기둥도 되고, 땔감도 되어요
참나무는 무엇이 될까? ... 74

반갑지 않은 친구들
냠냠, 달콤한 참나무 ... 79

왜 '참나무'라고 할까?

여러분은 산에 가 본 적이 있나요?

있다고요?

늘 바라만 보았지 정말로 가 본 적은 별로 없을 거예요.

산은 어떻게 생겼나요?

우뚝 솟아 있지요.

산을 옛말로 '오름'이라고 해요. 오름이란 '오르는 곳', '오르는 데'라는 뜻이랍니다. 그러니 산은 본래부터 높은 곳으로, 봉우리가 있어요. 한자의 산(山)처럼 낮고 높은 봉우리가 이어져 산맥을 이루지요.

산에는 무엇이 있나요?

몸집이 큰 동물들이 살고, 작은 동물들도 살고, 새와 곤충도 살고 있어요. 커다란 바위도 있고 동굴도 있답니다.

그런데 산에서 가장 많이 살고 있는 것은 무엇이지요?

바로 나무, 나무예요.

산에는 나무가 자라고, 나무가 숲을 이루고 있어요. 나무가 없는 벌거숭이 산은 산이라고 할 수 없어요. 나무가 우거져 푸른 숲을 이룬 산, 그게 진짜 산의 모습이지요.

그럼, 산에는 어떤 나무들이 살고 있을까요? 아는 대로 나무 이름을 대 보세요.

아, 재미있게 노래로 불러 볼까요?

바람 솔솔 소나무,   십 리 절반 오 리 나무,

달 가운데 계수나무,   벌벌 떠는 사시나무,

'대낭구 떡갈나무,'

너도나도 너도밤나무,   따끔따끔 가시나무, 돌고 도는 돈나무,

불붙었네 단풍나무, 아흔 지나 백양나무, 한 자 두 자 잣나무,

우물쳤다 쪽나무, 방귀 뀐다 뽕나무, 거짓 없이 참나무

와, 노래로 부르니 나무 이름 외우기가 쉽지요.

산에서 자라는 나무도 있고, 들에서 자라는 나무도 있고, 집 안에서 자라는 나무도 있어요. 이름을 쉽게 알 수 없는 나무들이 아주 많답니다.

자, 이제부터 나무 이야기를 해 보겠어요.

어떤 나무 이야기냐고요? 우리나라 산에서 가장 많이 자라고 있는 나무예요.

무슨 나무인지 궁금하지요?

나무 이야기를 들으려면 산으로 가야 해요. 산에 가면 '도토리 할아버지'가 있거든요. 왜 도토리 할아버지냐고요?

할아버지는 늘 망태기를 메고 다녀요. 그 망태기에는 도토리가 가득 들어 있고요. 할아버지는 참나무 지팡이도 들고 다녀요. 끝이 뾰족하지요. 할아버지는 산속을 돌아다니며 도토리를 심어요. 지팡이로 땅을 꾹 눌러 파고 그 속에 도토리 한 알을 정성스레 심어요.

지금부터 하는 이야기는 모두 도토리 할아버지가 보고 들은 것을 여러분에게 들려주는 거예요. 이야기를 다 듣고 나면 왜 도토리 할아버지가 특별히 이 '도토리나무' 이야기를 해 주었는지 알게 될 거예요.

자, 그럼 지금부터 이야기를 시작할게요.

숲 속에 사는 동물들이 '진짜 좋은 나무'를 뽑기로 했단다.
"어떤 나무가 진짜 좋은 나무일까?"
먼저 반달곰이 말했어.
"뭐니 뭐니 해도 바람 솔솔 소나무가 으뜸이지."
그 소리에 소나무가 좋아하며 푸른 가지를 흔들었어.

"소나무의 이름은 원래 '솔'이었어. 솔은 우두머리라는 뜻이야. 추운 겨울에도 푸른 솔잎을 그대로 달고 꿋꿋이 추위를 이기잖아. 그러니 진짜 좋은 나무라고 할 수 있지."

반달곰의 이야기를 들은 다른 나무들이 '맞아, 소나무가 진짜 좋은 나무구나.' 하고 생각했어.

다음은 키 큰 오리나무 가지에 앉아 있던 물까치가 말했어.

"난 뭐니 뭐니 해도 오리나무가 진짜 좋은 나무라고 생각해."

"자랑거리가 뭔데?"

"오리나무는 가볍고, 말라도 벌어지지 않아서 농부들이 연장을 만들 때 자루로 많이 쓰지. 나무 그릇도 만들고, 나무껍질이나 열매에서 물감을 뽑아내어 '물감 나무'라고도 해. 옛날에는 사람들이 5리마다 나무를 심어서 거리를 표시하기도 했지."

아, 그래서 이름을 '오리'라고 지었나 보군.

동물들은 저마다 좋아하는 나무를 꼽아 자랑을 늘어놓았단다.

곤줄박이는 곧게 높이 자라는 낙엽송이 좋다고 했고, 까막딱따구리는 나무 구멍을 뚫어 집을 지을 수 있는 잣나무가 좋다고 했어. 또 소쩍새는 가지 숲이 많은 밤나무가 좋다고 했고, 토끼는 키가 작고 덤불이 많은 찔레나무가 좋다고 했어.

마지막으로 귀염둥이 다람쥐가 쪼르르 나뭇가지를 타고 올라가더니 큰 소리로 말했어.

"나는 진짜 좋은 나무는 참나무라고 생각해요."

"참나무? 참나무는 형제가 많아. 그중 어떤 나무가 좋다는 거야?"

까막딱따구리가 딱딱거리며 말했어.

"참나무 형제 모두요."

나무도 형제가 있다니?

먼저 그 형제들 이름을 알아볼까?

상수리나무 · 굴참나무 · 떡갈나무 · 신갈나무 · 갈참나무 · 졸참나무 이렇게 여섯 나무지. 그러니까 이 여섯 나무를 하나의 이름으로 '참나무'라고 한단다.

이름이 왜 '참나무'일까 궁금하지 않니?

'참'은 진짜라는 뜻이야. '정말, 참으로'의 뜻이니 '진짜 나무', 즉 '정말 좋은 나무'라는 뜻이지. 그럼 왜 이렇게 멋진 이름이 붙었는지 알아볼까.

옛날에 게으름뱅이 총각이 살았단다.

추운 겨울에도 귀찮아서 불도 때지 않은 찬방에서 잠을 잤어.

그런 총각이 색시를 얻어 장가를 갔지 뭐야.

"우리 예쁜 각시 고뿔 들리면 안 되지."

새신랑은 산에 가서 나무를 잔뜩 해 왔어. 그런데 아궁이에 불을 때어 밥을 하던 색시가 콜록콜록 기침을 하는 거야.

"아이고, 매워."

색시가 아궁이에 넣은 나무는 마르지 않은 생나무였거든. 생나무에 불을 지피면 연기가 많이 나게 마련이지.

"미안해, 색시야. 나무를 다시 해 올 테니 기다려."

새신랑은 당장 산으로 달려갔어. 그런데 산에는 죽어서 마른 나무가 없었어.
할 수 없이 마른 잎이 많이 달린 나뭇가지를 잘라서 가지고 왔지.
색시는 다시 해 온 나무를 아궁이에 넣고 불을 지폈어.
타닥타닥. 이번 나무는 연기가 나지 않고 아주 잘 타는 거야.
"신기하네. 이 나무 이름이 뭐예요?"
"글쎄?"
"생나무인데 불이 잘 타니 '참 좋은 나무'네요."
"그럼 이 나무를 '참나무'라고 하면 되겠군."
이렇게 해서 '참나무'라는 이름이 생겼다는 이야기야.

알고 보면 더 재미있어요

참나무란?

하나의 나무를 가리켜 그 이름이 '참나무'라고 불리는 나무는 없어요. 참나무는 참나뭇과에 속하는 여러 나무들을 아울러 이르는 말입니다. 상수리나무·굴참나무·떡갈나무·신갈나무·갈참나무·졸참나무 여섯 종류를 이르고, 이외에도 가시나무·종가시나무·참가시나무·붉은가시나무·밤나무·너도밤나무 들도 참나뭇과에 딸린 나무입니다.

여섯 종류의 참나무는 형제들이지만 자라는 곳, 이파리의 생김새, 열매인 도토리의 모양 등이 모두 다르답니다.

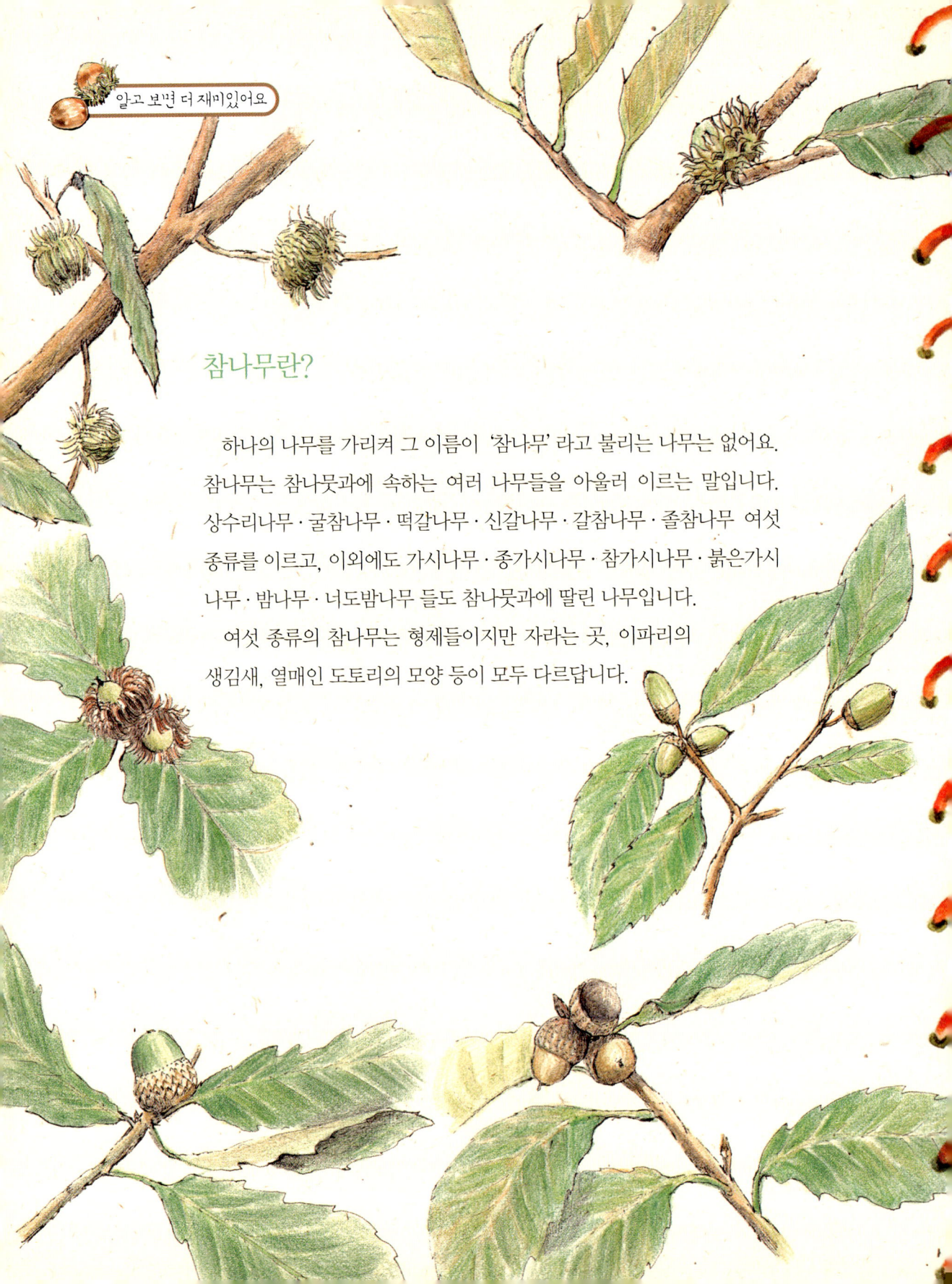

도토리의 비밀

참나무의 생가지가 불에 잘 탄다고 해서 좋은 나무라고 할 수는 없지. 동물들이 그것만으로 '진짜 좋은 나무'로 뽑아 줄 리 없잖아.

또 자랑거리가 없을까?

상수리나무 가지에 앉아 있던 다람쥐가 볼주머니에서 무엇인가를 꺼냈어.

"진짜 자랑거리는 바로 이거예요."

다람쥐가 열매 하나를 툭 떨어뜨렸어.

그게 뭘까?

바로 도토리였어. 도토리 본 적 있지? 갈색에 딱딱하고 동글게 생긴 열매 말이야.

참나무에는 모두 도토리라고 하는 열매가 열리거든.

그래서 이 책에서는 여섯 참나무를 '도토리나무 육 형제'라고 부르기로 했단다.

도토리는 작은 열매이지만, 쓰임새가 많고 독특한 맛의 비밀이 담겨 있지.

열매 이름을 왜 '도토리'라고 했을까도 궁금하지?

　처음에는 도토리를 '도태밤'이라고 불렀는데, 글자로는 '돝애밤'이라고 썼지. '돝'은 돼지를 가리키는 말이니까, '돼지가 먹는 밤'이라는 뜻이야. 실제로 산에 사는 멧돼지는 도토리를 무척 좋아하지. 나무에 따라 도토리 이름을 달리 부르기도 해. 상수리나무 열매는 상수리, 졸참나무 열매는 꿀밤, 굴참나무·갈참나무·신갈나무·떡갈나무 열매는 도토리라고 부르거든.

　하지만 지금은 참나무 육 형제의 모든 열매가 도토리라는 한 가지 이름으로 불린단다.

　도토리의 맛은 아주 떫어. 날것을 먹으면 퉤퉤 하고 얼굴을 온통 찡그리게 되지. 하지만 이 떫은 열매로 묵을 만들면 아주 맛있는 먹을거리가 되는데, 그것을 '도토리묵'이라고 해. 도토리를 '꿀밤'이라고 부른 데는 또 다른 사연이 있으니 들어 봐.

아주 옛날, 나라에 가뭄이 들어 흉년을 겪게 되었단다.

"아이고, 큰일 났네. 풍년이 들어도 식량이 모자라는데 흉년까지 들었으니 올 겨울을 어찌 날꼬."

"곡식이 모자라니 나무 열매라도 먹고 살아야지요."

"가뭄이 들었는데 나무 열매라고 제대로 열렸겠어요?"

"그래도 어쩌겠어요. 뭐라도 먹어야 하니 일단 가 봅시다."

사람들은 산으로 나무 열매를 따러 갔어.

그런데 웬일인지 참나무에는 도토리가 잔뜩 열려 있는 거야.

"이상한 일일세. 참나무는 가뭄도 안 타는가?"

갈색으로 통통하게 익은 도토리가 후두두 떨어져 데구루루 굴러다녔어.

사람들은 서로 욕심내지 않고 도토리를 주워 자루에 담아 왔어.

"도토리묵이라도 쑤어 먹을 것이 있으니 천만다행일세."

그해 겨울, 가난한 백성들은 집집마다 묵을 쑤어 겨울 양식으로 먹었어.

쫀쫀하게 쑤어진 도토리묵 맛은 한마디로 표현할 수가 없지. 짜지 않고, 맵지 않고, 달지 않고. 약간 쓴맛과 떫은맛이 어우러진 담백한 맛! 묵에 갖은 양념을 해 먹으면 더욱 맛있고! 젓가락으로 집으려면 미끌미끌 잘 빠져나가 먹기도 전에 침이 넘어가지. 어때, 한번 먹어 보고 싶지! 이렇게 맛있는 묵을 양식으로 하여 백성들은 겨울을 무사히 넘길 수 있었단다.

백성을 거느린 임금도 "도토리는 구황식(흉년에 곡식 대신으로 먹을 수 있는 음식)에 좋은 열매이다."라고 말하고, 도토리나무를 많이 심도록 하였지.

그리고 다음 해가 되었단다.

작년과는 달리 큰 풍년이 들어 들판에는 황금물결이 출렁거렸지.

농부들은 얼씨구 좋다 풍년가를 부르며 가을 수확을 거두어들였단다.

"올해는 겨울에도 밥을 지어 먹을 수 있겠군."

"허허, 그래도 도토리묵 맛을 잊을 수는 없지요."

수확을 끝낸 농부들은 산으로 도토리를 주우러 갔어.

어, 그런데 이게 웬일일까?

작년에 그렇게 많이 열렸던 도토리가 올해는 반도 안 되게 열려 있는 거야.

"허허, 올해는 도토리가 흉년일세."

농사가 흉년이 들면 참나무에는 도토리가 많이 열리고, 풍년이 들면 적게 열렸던 거야.

"참나무가 흉년, 풍년을 다 아는구나."

사람들은 참나무가 기특하다고 하며 이런 속담을 만들어 냈단다.

'도토리는 들판을 보면서 열린다.'

참나무가 들판을 보고 풍년이면 열매를 적게 맺고, 흉년이면 많이 맺어 식량을 대신해 준다는 뜻이지.

이렇게 좋은 식량이 되는 열매를 맺는 나무이니 '진짜 좋은 나무'라고 불러도 되겠지?

'꿀밤'이라는 것도 먹을 것이 없는 계절에 꿀밤처럼 맛있는 먹을거리를 준다고 해서 붙여진 이름이지.

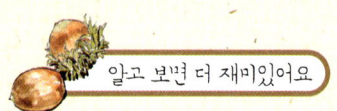
알고 보면 더 재미있어요

도토리의 맛은 아주 떫습니다. '타닌'이라는 떫은 성분이 들어 있기 때문이지요. 껍질은 매끄럽고 단단하며, 깍정이 속에 한 개의 씨앗이 들어 있어요. 도토리가 열매도 되고 씨앗도 되는 거지요. 속에 든 속살은 모두 녹말로 되어 있어서 새싹이 잘 자라도록 영양분을 공급해 주고, 사람들은 이 녹말을 가루로 만들어 묵을 쑤어 먹습니다.

묵 쑤는 법

1_ 잘 말린 도토리를 절구에 넣고 찧어 겉껍질을 까불린다.

2_ 함지박에 물을 붓고 도토리를 한동안 담가 속껍질을 제거한다.

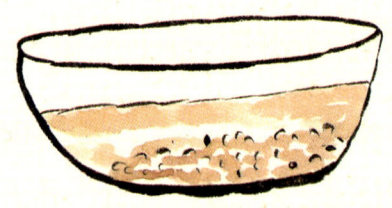

3_ 더운 물에 담가 떫은맛이 없어질 때까지 3~4일 동안 자주 물을 갈아 가며 우려낸다.

4_ 맷돌로 갈아서 앙금을 가라앉힌 다음 도토리 녹말을 만든다.

5_ 도토리 녹말을 물에 풀어 하룻밤 정도 두었다가 고운체에 거른다.

6_ 두꺼운 솥에 붓고 주걱으로 충분히 저어가며 끓인다.

7_ 색깔이 투명해지면 함지박에 자루를 펴고 쏟아 식힌다. 그러면 두부처럼 말랑말랑하면서 모양을 갖춘 묵이 된다.

도토리로 무얼 할까?

　도토리가 익을 무렵이 되면 산으로 도토리를 따러 가는 사람들을 볼 수 있어요. 익으면 저절로 떨어지는 도토리를 왜 주우러 가지 않고 따러 갈까요? 도토리 할아버지는 그런 사람들을 제일 싫어해요.
　서로 나무를 차지하고 커다란 나무 메(묵직하고 둥그스름한 나무토막에 자루를 박아 쓰는 물건)로 참나무 밑동을 사정없이 내리쳐요. 쿵쿵, 참나무는 온 가지를 떨며 도토리를 떨어뜨리지요. 도토리를 터는 사람들은 나무 생각은 손톱만치도 안 하는 욕심쟁이예요. 나무가 얼마나 아프겠어요.
　도토리 할아버지는 가을이 되면 하루 종일 산속을 돌아다녀요. 지팡이로 땅을 파 도토리를 심지요. 어디선가 쿵쿵 도토리 터는 소리가 들리면 산토끼처럼 재빨리 달려가요. 산에 사는 도토리 할아버지는 나무숲 속에서도 아주 잘 달리거든요.

　　도토리는 사람도 먹고
　　산짐승도 먹는 양식이네
　　주인도 없고 임자도 없는데
　　누가 욕심내어 훔쳐 가는가
　　아이고, 아이고, 불쌍한 참나무야

도토리 할아버지는 이런 노래를 목청껏 부르지요.

특히 '아이고, 아이고, 불쌍한 참나무야' 라는 구절을 부를 때는 우는 것처럼 구성지게 불러요.

그러면 도토리를 털던 사람들이 슬그머니 나무 메를 거두고 허리를 굽힌답니다. 그런 뒤에야 저절로 땅에 떨어진 것을 줍는 것이지요.

자, 다시 도토리 할아버지 이야기를 듣기로 할까요?

동네 골목에서 개구쟁이들이 '도토리 치기' 놀이를 하고 있어. 둥그렇게 쌓아 올린 흙무덤 속에 도토리가 잔뜩 묻혀 있지.

동수가 도토리 한 개로 흙더미를 힘껏 내리쳤어. 흙이 팍 튀어 올랐어. 하지만 흙 속에 묻힌 도토리가 보이지 않았어. 누구든 도토리로 흙무덤을 쳐 묻혀 있는 도토리가 보이게 되면 그 도토리를 따내는 놀이거든.

아이들은 도토리 치기 놀이를 하려고 도토리를 많이 주워 모은단다. 아주 알이 굵은 것으로 말이지. 잘 익은 도토리가 떨어질 무렵, 시골 골목에서 하는 놀이로는 가장 재미있거든. 서너 명씩 무리를 지어 쉽게 할 수 있고, 남의 것을 하나둘 따먹는다는 경쟁심이 생기거든.

흙 속에는 30개의 도토리가 묻혀 있어. 세 명이 열 개씩 묻었거든.

방금 동수가 폭탄(내리치는 도토리)으로 사용한 도토리는 굴참나무 도토리가 틀림없어. 제법 큰 도토리로 동그스름한 구슬같이 생겼거든. 큰 것으로 내리치면 그만큼 힘이 있어 흙을 많이 파헤칠 수 있지.

다음은 영찬이 차례야.

"내 폭탄은 왕도토리다."

영찬이가 큰 도토리로 흙무덤 옆쪽을 힘껏 내리쳤어. 흙더미가 풀썩 하고 흩어졌어.

"와, 보인다."

도토리 꼭지가 드러나 보였어. 영찬이는 의기양양하게 도토리를 빼내고 다시 한 번 총알 폭탄을 내리쳤어.

"와, 또 보인다."

영찬이가 폭탄으로 사용한 도토리는 상수리나무 도토리야. 굴참나무 도토리와 비슷하게 생겼는데 도토리 중에 제일 큰 왕도토리거든. 이렇듯 크고 잘생긴 상수리나무와 굴참나무 도토리를 '참도토리'라고 부른단다.

아이들이 폭탄으로 사용하는 도토리는 생김새가 각기 달라. 갈참나무 도토리는 팽이 모양이고, 졸참나무의 도토리는 길쭉한 것이 총알 모양인데, 도토리 중 제일 작아. 신갈나무·떡갈나무 도토리는 상수리나무와 굴참나무 도토리보다 작고, 동그란 새알처럼 생겼어.

열매가 작은 신갈나무·떡갈나무·갈참나무·졸참나무의 도토리 중 어느 것이 더 큰지 키 재기를 해 볼까? 애개, 고만고만한 것이 말 그대로 '도토리 키 재기'네. 그래서 이 네 가지의 도토리는 '개도토리'라고 부르지. 크고 속이 찬 참도토리에 비해 작고 보잘것없다는 뜻이야.

신갈나무 도토리　　떡갈나무 도토리　　갈참나무 도토리　　졸참나무 도토리

도토리나무 육 형제 중, 상수리나무와 굴참나무의 도토리가 큰 까닭은 무엇일까?

그것은 다른 도토리나무보다 나이가 한 살 많기 때문이란다. 상수리나무와 굴참나무의 열매는 꽃이 핀 해에 열리고 그 다음 해에 익어 떨어지거든. 나머지 형제들은 열매가 열린 그해에 떨어지니 작을 수밖에 없겠지.

하지만 크다고 열매 맛이 좋은 것은 아니야. 가장 작은 졸참나무의 도토리는 떫은맛이 덜하여 날것으로 먹을 수도 있고, 묵을 만들면 제일 맛있어서 '꿀밤나무'라고도 부른단다.

도토리를 감싸고 있는 깍정이 본 적 있니? 생김새가 꼭 종지(간장이나 고추장 등을 담는 작은 그릇) 같지. 다 익은 도토리는 저절로 깍정이에서 빠져 땅에 떨어지는데, 툭툭 떨어져 데구루루 굴러가지. 열매가 빠진 빈 깍정이를 보면 참 신기해. 열매가 다 익을 때까지 단단하게 감싸고 보호해 주는 단단한 집이나 마찬가지거든.

도토리의 생김새나 크기에 따라 깍정이의 모양도 조금씩 달라. 겉면은 비늘 조각이 기와처럼 촘촘하게 포개져 있는데, 갈참나무와 졸참나무 도토리의 깍정이 비늘은 매끄럽고, 신갈나무 도토리의 깍정이 비늘은 울퉁불퉁하게 포개져 있어. 상수리나무와 떡갈나무 도토리의 깍정이는 비늘 조각 끝이 여러 갈래로 뒤로 젖혀져 있고.

깍정이는 아이들이 소꿉놀이할 때 꼭 필요한 살림 도구로 쓰이지. 열매나 흙 밥을 담는 그릇으로 사용하고, 숟가락을 만들기도 하는데 그림을 한번 봐. 어때, 재미있는 장난감이지.

도토리로는 여러 가지 재미있는 장난감을 만들 수 있어. 성냥개비를 끼워 도토리 팽이도 만들고, 목걸이, 팔찌도 만들고, 여러 가지 장식으로도 사용한단다.

이만하면 도토리나무를 진짜 좋은 나무라고 할 수 있겠지.

그럼 이제부터 도토리로 장난감을 어떻게 만드는지 알려 줄게. 잘 알아두었다가 가을에 도토리를 주어서 직접 만들어 보면 참 재미있게 놀 수 있어.

1_ 깍정이로 받침을 만들고, 긴 나무 막대기로 대를 만들어 솟대를 만들어요. 솟대는 옛날에 과거 시험에서 급제한 사람을 위해 마을 어귀에 높이 세우던 붉은 장대이지요.

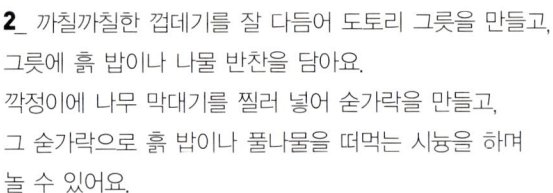

2_ 까칠까칠한 껍데기를 잘 다듬어 도토리 그릇을 만들고, 그릇에 흙 밥이나 나물 반찬을 담아요.
깍정이에 나무 막대기를 찔러 넣어 숟가락을 만들고, 그 숟가락으로 흙 밥이나 풀나물을 떠먹는 시늉을 하며 놀 수 있어요.

3_ 크고 길쭉한 도토리를 골라 팽이를
만드는데, 손가락 팽이라고 부르지요.
손가락 두 개로 돌린다고 해서 붙여진 이름인데,
도토리 팽이라고도 해요.
도토리 중심에 구멍을 내어 성냥개비를 꽂으면
멋진 장난감 팽이가 된답니다.

4_ 크기가 고른 도토리를 골라
깨끗하게 씻은 다음 꼭지와 꽁무니에
구멍을 뚫고 실을 꿰어 연결하면
멋진 목걸이가 되지요.

5_ 깍정이를 실로 꿰어
연결하여 꿈틀꿈틀 벌레를
만들어요.

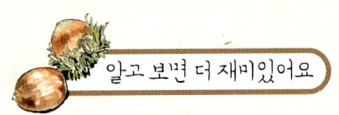 알고 보면 더 재미있어요

여러 가지 도토리의 생김새

갈참나무 도토리 도토리 알이 작은 편이며 팽이 모양입니다. 도토리 집이 종지 모양으로 생겼으며, 겉면을 덮고 있는 비늘 조각이 기와처럼 포개져 있습니다.

떡갈나무 도토리 도토리 알이 굵은 편이며, 겉면을 덮고 있는 비늘 조각이 밖으로 젖혀져 있습니다.

신갈나무 도토리 도토리 알이 둥글고, 도토리 집은 납작한 종지 모양입니다.

굴참나무 도토리 도토리 알이 둥글고 큰 편이며, 꼭지가 없습니다. 겉면을 덮고 있는 비늘 조각이 밖으로 젖혀져 있습니다.

졸참나무 도토리 도토리 중에서 도토리 알이 가장 작습니다. 도토리 집도 얇고 작습니다.

상수리나무 도토리 도토리 알이 크고, 도토리 집은 열매의 절반쯤까지 덮여 있습니다. 꼭지가 없으며 겉면을 덮고 있는 비늘 조각이 밖으로 젖혀져 있습니다.

갈참나무

떡갈나무

신갈나무

굴참나무

상수리나무

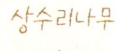
졸참나무

도토리 속

도토리는 열매이면서 씨입니다. 열매 안쪽에 갈색 껍질이 있으며, 이 껍질이 씨를 싸고 있어서 '씨껍질'이라고 합니다.

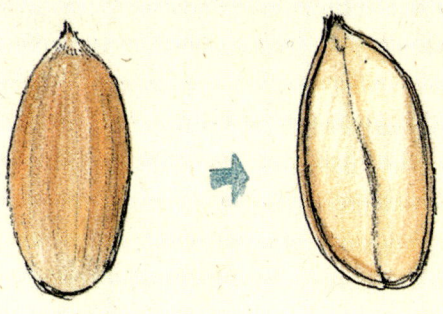

도토리로 하는 놀이

도토리를 구슬로 사용하는 놀이입니다. 땅에 작은 구멍을 파고 1미터쯤 떨어진 곳에서 구멍에 도토리를 집어넣는 놀이지요. 앉은 채로 굴리기도 하고, 선 채로 던지기도 하는데, 구멍에 먼저 넣으면 이기게 됩니다. 구슬치기처럼 던져서 맞추어 따먹기도 하는데, 옛날 시골에서는 유리구슬을 구할 형편이 안 되었기 때문에 도토리가 구슬로 쓰인 것이랍니다.

임금님 수라상에 오른 도토리
진짜 참나무, 상수리나무

　도토리 할아버지는 팔십 평생을 산속에 살며 도토리를 심어 왔어요. 작은 키에 얼굴은 굵은 주름투성이지만 눈은 아주 맑은 빛을 띠고 있어요. 할아버지는 팔과 다리 힘이 아주 세요. 산을 많이 타서 무쇠 다리가 되었지요.

　할아버지가 제일 기분 좋을 때는 키가 큰 도토리나무들을 올려다볼 때예요. 고개를 꺾고 나무를 올려다보며 "아, 좋다!" 하고 말해요. 튼튼한 가지에 이파리가 무성한 나무를 보면 부자가 된 느낌이 들거든요. 마치 내 자식이 튼튼하게 자란 것처럼 대견하고 믿음직하지요.

　'나무가 다 내 자식이다!'

　주름진 할아버지 얼굴에 웃음이 가득 피어요.

　자, 다시 이야기를 시작할까요?

도토리나무 육 형제의 이름은 '참나무' 하나로 통하지만, 각자 이름이 다르듯이 사는 곳이 다르고, 크기도 다르고, 잎 모양도 다르단다. 그리고 저마다 독특한 이름을 가지게 된 사연이 있지.

먼저 상수리나무 이야기를 해 볼까?
옛날에는 상수리나무를 '토리나무' 라고 불렀지. 도토리가 열리는 나무라는 뜻이야. 그런데 왜 '상수리' 라는 이름으로 바뀌었을까?

조선 시대 선조 임금 때 일이었어.
1592년에 임진왜란이 일어나 왜적이 한양으로 쳐들어왔어. 이때 임금인 선조가 궁을 버리고 피난길에 올랐지. 캄캄한 밤에 임진강을 건너 먼 의주까지 가게 되었어. 임금이라고 해도 전쟁 중이라 먹을 것이 변변찮고 부족했단다.
어느 날, 임금의 밥상 위에 새로운 음식이 올라왔어. 바로 도토리로 쑨 묵이었지. 가난한 백성들이야 밥 대신 먹던 것이지만 임금은 생전 처음 보는 음식이었을 거야.
임금은 젓가락으로 묵을 한 점 집어 먹었어. 음식을 올린 신하들은 조마조마했지.
"음, 맛있구나!"

임금은 도토리묵을 아주 맛있게 먹었어.

신하들은 후유 하고 한숨을 내쉬었어. 어느 신하는 감격스러워 눈물까지 글썽였지.

'상감마마께서 천한 음식을 저리 맛있게 드시다니……'

임금은 매일같이 도토리묵을 먹었어.

그 후, 임금은 궁으로 돌아와서도 도토리묵을 자주 찾았대.

"곤궁할 때나 지금이나 이 묵 맛은 변함이 없구나."

이런 일이 있고 난 뒤로, 토리나무는 '상수리나무'로 불리게 되었던 거야. 임금님 '수라상에 올라가는 도토리나무'라는 뜻이지. 열매도 '상수리'라고 부르게 되었지.

이렇게 귀한 열매를 맺는 상수리나무는 도토리나무 형제 중 가장 흔하게 볼 수 있는 나무란다.

상수리나무가 자기 자랑하는 것 좀 들어 볼래?

"나 상수리나무가 참나무 중에 진짜 참나무라고 할 수 있지. 키도 크고, 뿌리도 깊고 튼튼하고, 도토리도 제일 커서 가루도 많이 나오지. 또 줄기도 많고 이파리도 무성하고, 음지나 양지 아무 데서나 잘 자라고, 겨울이 와도 마른 잎이 떨어지지 않는다고."

상수리나무는 진짜 참나무라고 할 만한 자랑거리가 많지.

그중에도 겨울이 와도 잎이 한꺼번에 떨어지지 않는 게 특이하지. 겨울이 되면 다른 나무들은 가지만 앙상한 벌거숭이가 되는데, 상수리나무는 마른 잎을 수북이 달고 있거든. 그것은 상수리나무가 겨울에 가지 끝에다 '떨켜'를 만들지 않기 때문이야.

"우리는 새 잎눈을 보고 떨어질 거야."

마른 잎들은 씽씽 세찬 바람에도 악착같이 가지에 붙어 달랑거리거든.

새봄이 되어 잎눈에서 새잎이 돋아나면, 묵은잎은 그제야 땅에 떨어지게 돼.

"우리는 정말 행복한 나무야."

이 세상에 다음에 태어나는 새잎을 보고 잎이 떨어지는 나무는 참 드물어.
그러니 상수리나무가 어찌 행복한 나무 아니겠어.

봄이 되어 새잎이 돋을 때까지
참나무의 묵은잎들이 나뭇가지에
매달려 있어요.

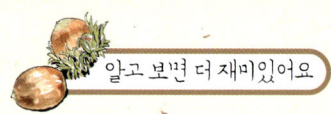 알고 보면 더 재미있어요

상수리나무는?

상수리나무는 참나무 중 가장 흔하게 볼 수 있는 나무로, 가까운 공원 같은 곳에 많습니다. 25미터까지 자라는 큰키나무로 줄기가 곧게 자랍니다. 껍질은 회갈색이며 세로로 갈라지지요. 5월에 꽃이 피는데 암수한그루(암꽃과 수꽃이 한 그루에 피는 것)이며, 8월에 어린 열매가 달리고 다음 해에 열매가 자랍니다.

상수리나무

겨울에는 두꺼운 총포(꽃대의 끝에서 꽃잎 밑동을 싸고 있는 비늘 모양의 조각)에 싸여 추위를 이기고, 가을이 되면 누렇게 익는데 열매가 많이 달리지는 않습니다. 잎은 어긋나게 피고, 긴 타원형으로 가장자리는 침 같은 톱니 모양으로 되어 있습니다. 나무속이 단단하여 잘 썩지 않아 집을 짓는 목재로 쓰입니다. 벌통이나 버섯을 기르는 나무로도 쓰이고, 숯을 만들거나 땔감으로도 쓰인답니다.

떨켜란?

낙엽이 질 무렵 잎자루와 가지가 붙어
있는 곳에 생기는 특수한 세포층을 말
합니다. 가을이 되면 나뭇잎들은 단풍이
들고 땅으로 떨어지는데, 나뭇잎이 떨어지는
까닭은 나뭇잎과 가지 사이에 떨켜가 만들어지기
때문입니다. 떨켜층은 뿌리에서 보내 주는 수분과 영양분이
나뭇잎에 전달되지 못하도록 합니다.
은행나무나 단풍나무 등은 늦가을에 떨켜를 만들어 잎이
우수수 떨어지고, 참나무와 밤나무 등은 가을에 떨켜를 만들지
않기 때문에 낙엽이 쉽게 떨어지지 않습니다.

도토리의 성장 과정

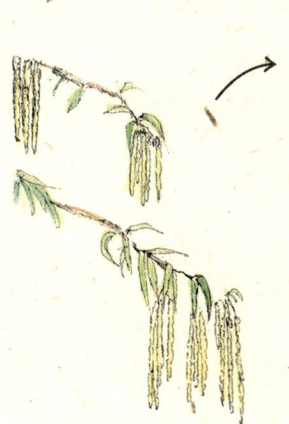

1_ 5월에 암꽃과 수꽃이 한 나무에 피어요.

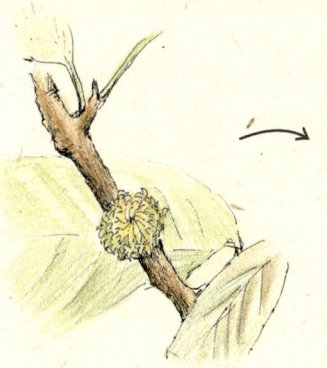

2_ 꽃이 지고 나면 도토리가 껍질에 싸여 자라기 시작해요.

3_ 도토리가 점점 자라서 껍질 밖으로 비어져 나와요.

4_ 다 익은 도토리는 땅에 떨어져요.

시원하고 따뜻한 굴피 집

천연기념물이 된 굴참나무

도토리 할아버지는 왜 산속에 살며 도토리를 심게 되었을까요?

할아버지는 깊은 산골 마을에서 태어났어요. 어려서부터 산과 들에서 마음껏 뛰어놀며 자랐어요.

열두 살이 된 어느 해였어요. 개구쟁이 소년은 새총을 만들고 싶었어요. 톱을 들고 뒷동산으로 올라갔어요. 도토리나무들이 숲을 이루고 있는 산이었어요. 소년은 이리저리 나무들을 살펴보았어요. 가까운 곳에 한 나무가 눈에 띄었어요.

"어, 이 나무가 좋겠다."

어린나무 두 그루가 나란히 서 있는데, 그중 한 나무가 새총 만들기에 안성맞춤이었어요. 왜냐하면 나뭇가지가 Y 자 모양이었거든요.

소년은 새총의 손잡이가 되는 곳을 톱으로 잘랐어요.
집으로 돌아온 소년은 나무를 잘 다듬은 다음
고무줄 끈을 매어 새총을 만들었어요.
그다음 이야기는 굴참나무 이야기를
하고 난 뒤에 다시 들려줄게요.

나무들이 저마다 이름을 갖게 된
데는 특별한 사연이 있지.
상수리나무처럼 사람과 얽힌
이야기를 따서 이름이 바뀐 나무도 있고,
생김새나 쓰임, 사는 곳, 열매의 맛, 색깔 등에 따라 이름이 지어지기도 한단다.
그럼 굴참나무는 어떤 사연으로 이름을 갖게 되었는지 알아볼까?

옛날 산골 마을에 숯을 굽는 사람들이 살았단다.
그 사람들은 움막 같은 집을 짓고 살았는데, 지붕이 문제였어. 나무로 기둥을 세우고, 나무줄기나 풀 같은 것으로 얼기설기 지붕을 얹었는데, 겨울이면 춥고, 여름이면 덥고, 비가 오면 빗물이 새어 들었어.
"무엇으로 지붕을 얹어야 따뜻하고 시원하고 비가 새지 않을까?"
어느 날, 나무를 하던 숯쟁이는 굴참나무의 두꺼운 껍질을 보고 무릎을 탁 쳤어.

"옳지. 이 껍질로 지붕을 이어 보자."

굴참나무는 껍질이 세로로 골이 질 만큼 깊게 파여 있거든. 벗겨 낸 껍질은 아주 가볍고 푹신했어.

숯쟁이는 굴참나무 껍질로 지붕을 얹어 보았어. 생각한 대로 비가 내려도 빗물이 새지 않고, 여름에는 시원하고 겨울에는 따뜻했지.

"지붕에는 이 골참나무 껍질이 최고구나."

이렇게 굴참나무 껍질을 지붕에 얹은 후부터 지붕에 대한 걱정은 사라졌어.

그때부터 나무의 껍질 골이 깊다 하여 '골참'이라고 이름 붙여 부르다가 골참은 다시 '굴피'로 바뀌게 된 거란다. 지금도 강원도 산골에는 굴참나무 껍질로 지붕을 이은 굴피 집이 남아 있지.

굴참나무는 상수리나무와 비슷하게 생겨서 구분하기 쉽지 않아. 그중에서도 가장 비슷한 것은 잎 모양인데, 실제로 자세히 살펴보면 다른 점을 발견할 수 있어. 굴참나무 잎의 뒷면은 잔털이 빽빽하게 나 있고, 상수리나무의 잎 뒷면은 연녹색으로 윤기가 있거든.

도토리의 모양이나 크기도 비슷하고, 열매가 두 해에 걸쳐 익는 것도 똑같아. 하지만 굴참나무만 가지고 있는 장점이 많지. 굴참나무한테 자랑을 들어 볼까?

"나 굴참나무를 보고 상수리나무와 비교해서 비슷하게 닮았다고 하는데 사실은 다른 점이 많다고. 상수리나무는 돌밭에서는 볼 수 없어. 하지만 나는 돌이 많은 데서도 잘 자라고, 불이 나서 타 버린 땅에서도 겁 없이 잘 자라지. 그건 내 껍질이 두꺼워서 생명력이 튼튼하기 때문이야."

나무가 생명력이 강하다는 것은 가장 큰 장점이라고 할 수 있지. 그래서 우리나라의 산에는 참나무가 가장 많이 숲을 이루고 있는 거야. 이렇게 생명력이 강한 굴참나무는 수명도 참나무 중 가장 길어서 천연기념물로 지정된 나무도 있단다.

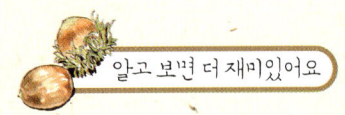 알고 보면 더 재미있어요

굴참나무는?

굴참나무는 낮은 산에서 흔하게 볼 수 있는 참나무입니다. 20미터쯤 자라는 큰키나무로, 5월에 꽃이 피고, 암수한그루이며 열매는 이듬해 10월에 누렇게 익어 떨어져요. 나이가 15년 정도 되면 나무껍질이 1센티미터 두꺼워지는데, 이 껍질을 벗겨 산간에서 집을 지을 때 지붕으로 쓰고, 병마개로 쓰기도 합니다. 껍질을 벗겨 내면 껍질이 더 빨리 자라나고 더 두꺼워집니다. 도토리는 껍질이 상수리나무 도토리보다 깊게 눌러쓴 모양이고, 크고 가루가 많이 나오며, 열매가 많이 열립니다.

굴참나무

굴피 집

안동 대곡리 굴참나무
(천연기념물 제288호)

안동시 임동면의 굴참나무는 나이가 5백 년 정도로 추정되며, 높이가 22.5미터, 둘레는 5.4미터로 현재 보호되고 있는 굴참나무 중 가장 강건하고 나무의 모양이 잘 발달되어 있습니다. 마을에서는 마을을 지켜 주는 서낭목으로 받들여지고 있습니다. 매년 정월 대보름이 되면, 사람들은 나무 아래에서 마을의 안녕과 주민들의 건강을 위해 제사를 올리고 음식을 나누어 먹습니다.

안동 대곡리 굴참나무
소재지: 경북 안동시 임동면 대곡리 583

울진 수산리 굴참나무
(천연기념물 제96호)

울진군 근남면의 굴참나무는 나이가 350년 정도로 추정되며, 높이가 20미터, 둘레는 6미터입니다. 성류굴 입구의 오른쪽 언덕에 서 있습니다.
신라의 의상대사가 심었다고 전해지며, 옛날 싸움터에서 다급해진 왕이 이 나무 밑에 숨었다는 전설이 전해져 옵니다.

울진 수산리 굴참나무
소재지: 경북 울진군 근남면 수산리 381-1

잎으로 떡을 싸요
잎이 가장 큰 떡갈나무

도토리 할아버지의 어릴 적 이야기를 계속해야지요. 소년은 새총을 만들어 한동안 신 나게 가지고 놀았어요. 세월이 흘러 소년은 청년이 되었고, 고향을 떠나 먼 도회지로 나가 일을 하게 되었어요.

그리고 어느 해, 고향에 내려온 청년은 어릴 적 놀던 뒷동산에 올라가 보았어요. 반 아름짜리 참나무 한 그루가 언덕에 우뚝 서 반겨 주었어요.

"아!"

청년은 옛일이 떠올랐어요. 어린나무 두 그루가 있었는데, 그중 한 나무는 새총 감으로 베어 버리고, 그때 옆에 있던 나무가 큰 나무로 자라난 것이었어요.

청년은 나무를 올려다보았어요. 푸른 도토리가 잔뜩 달려 있었어요.

"이렇게 잘 자랐구나."

청년은 문득 옆자리를 살펴보았어요. 어릴 적 베어 버린 나무의 흔적을 찾아보려는 듯이요. 하지만 아무 흔적도 없었어요.

"그때 내가 베지 않았으면 이렇게 큰 나무로 자랐을 텐데……."

청년은 Y 자 모양의 어린나무 모습이 생생하게 떠올랐어요.

"미안하구나. 미안해……"

청년은 태어나서 처음 '미안하다'는 마음이 어떤 것인지를 마음속 깊이

느끼고 반성했어요.

도토리 할아버지가 왜 참나무와 친구가 되었는지 조금씩 알 것 같지요. 이번에는 떡갈나무 이야기를 들려줄게요.

떡갈나무는 참나무 형제 중에서 금방 알아보기 쉬운 나무이지. 왜냐하면 잎이 아주 크거든. 떡갈나무라는 이름도 잎 때문에 얻게 되었어.

옛날 시골에서 제일 맛있는 먹을거리가 무엇이었는지 아니? 바로 떡이란다.

가을 수확을 거두면 떡을 해서 나누어 먹으며 이웃 간에 정을 나누었지.

그런데 떡을 할 때마다 한 가지 걱정이 있었어. 떡은 빨리 쉬어 버리거든. 지금과는 달리 냉장고가 없던 시절이었으니까 딱히 방법이 없었지.

옛날 어느 시골에서 있었던 일이야.

떡집 아저씨가 떡쌀을 찔 나무를 하러 갔어. 잎이 크고 무성한 나무를 한 짐 잔뜩 해 왔지.

"음, 이 나뭇잎 향기가 진하고 좋구나!"

아저씨는 문득 한 가지 좋은 생각이 떠올랐어.

'이 나뭇잎으로 떡을 싸면 어떨까?'

송편에 솔잎을 넣어 찌면 향긋한 솔잎 냄새가 나듯이 말이야.

아저씨는 커다란 잎을 쪄서 말린 다음, 새로 한 떡을 잎에 싸 두었지. 그랬더니 향기도 좋고 떡이 쉽게 쉬지 않는 거야.

"허허, 이렇게 이로운 나뭇잎이 있다니. 이제부터 이 나무를 떡갈나무라고 해야겠구나."

이렇게 해서 떡갈나무라는 이름을 얻게 되었다는 이야기야.

실제 떡갈나무 잎은 항균(균에 저항함) 작용을 한다고 해.

그리고 또 한 가지, 떡갈나무는 회초리로 쓰기에 좋은 나무이지. 회초리는 아이들이 잘못했을 때 종아리를 때리거나, 소나 말을 부릴 때 쓰는 나뭇가지야.

여러분은 회초리로 맞아 본 적이 없어서 그 매맛을 알 수가 없겠지만, 옛날 서당에 다니던 아이들은 훈장님한테 회초리깨나 맞았지. 그런데 왜 하필이면 떡갈나무로 회초리를 만들었을까? 그건 아마 떡갈나무 가지가 회초리를 만드는 데 굵기도 알맞고 쉽게 구할 수 있었기 때문일 거야.

떡을 싸는 일이든, 잘못한 것을 꾸짖는 회초리를 만들든, 좋은 데 쓰이는 거지. 떡갈나무는 이것 말고도 특별한 자랑거리가 있어.

"나 떡갈나무는 바닷가 같은 거친 땅에서도 잘 자랄 수 있지. 껍질을 삶은 물로 고기 잡는 그물을 물들이면 그물이 잘 안 썩어서 좋고."

이렇듯 떡갈나무는 여러 가지 쓰임새가 좋은 나무야.

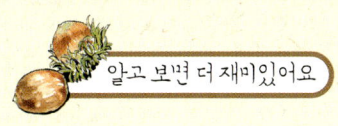

알고 보면 더 재미있어요

떡갈나무는?

떡갈나무는 낮은 산자락이나 물이 잘 빠지는 양지바른 곳에서 많이 자랍니다. 키가 20미터까지 자라는 큰키나무이고, 잎의 길이가 42센티미터나 되지요. 잎 모양은 거꿀 달걀형이고, 가지 끝에 모여 납니다. 잎의 가장자리에는 물결 모양의 톱니가 나 있고, 잎자루가 없으며, 뒷면에는 털이 나 있습니다. 5, 6월에 꽃이 피며 암수한그루입니다. 열매는 그해 가을에 열리고, 둥그런 새알처럼 생겼습니다. 나무껍질이 두꺼워 산불에도 강하고, 껍질에 들어 있는 타닌 성분으로 가죽이나 그물에 물을 들이기도 합니다. 다른 이름으로 '갈잎나무'라고도 부릅니다.

떡갈나무

짚신에 깔아 신어요
도토리가 가장 많이 열리는 신갈나무

　도토리 할아버지, 아니 청년은 고향에 올 때마다 뒷동산에 올라가 참나무를 바라보았어요. 나무 앞에 서면 이상하게 기분이 좋아지고 마음이 맑아졌어요. 그리고 그 옆에 있던, 오래전에 베어져 없어진 나무에게 한없이 미안한 마음이 들었어요.
　"정말 미안해, 나무야."
　청년은 마치 나무가 앞에 있기라도 한 것처럼 말을 건넸어요. 아무 대답도 들리지 않지만 무슨 말인가 전해 오는 듯했어요. 나무에 귀 기울이고, 나무와 이야기를 하는 것처럼, 청년은 나무의 숨결을 느꼈어요.
　그러던 어느 해 겨울이었어요. 정월 대보름 날, 아이들이 쥐불놀이를 하다가 불똥이 튀어 산불이 나고 말았어요. 불은 순식간에 온 산을 다 태우고

말았어요. 청년이 소식을 듣고 고향에 왔을 때, 산은 검은 무덤이 된 뒤였어요. 도토리 할아버지가 늘 걱정하는 것이 바로 이 이야기 속 같은 '산불'이지요. 산불은 푸른 산을 순식간에 검은 재로 만드니까요. 신갈나무 이야기를 하고 할아버지 이야기를 계속할게요.

'갈' 자 돌림을 쓰는 신갈나무와 떡갈나무는 이름이 형제 같지? 실제로 잎의 생김새는 거의 똑같고 크기만 조금 작아. 하지만 다른 점이 아주 많아. 우선 '신갈'이라는 이름을 어떻게 얻게 되었는지 들어 봐.

옛날에 먼 길을 가려면 무엇을 타고 갔을까? 말 아니면 가마? 그건 아무나 타는 게 아니지. 높은 벼슬아치나 부자인 양반이 탈 수 있었겠지. 한양으로 과거를 보러 가는 가난한 선비들은 몇 날 며칠 다리쉼을 하며 걸어 다녔어. 괴나리봇짐을 메고 길을 떠날 때는 꼭 준비해야 할 것이 있었단다. 바로 신발인데, 짚으로 삼은 짚신이었지.

어떤 선비가 산 중턱을 넘다가 마지막 남은 짚신의 바닥이 해지고 말았지 뭐야.

"이거 큰일 났네."

두리번거리던 선비는 마침 신발 깔개로 좋아 보이는 나뭇잎을 발견했어.

"아쉬운 대로 이 나뭇잎을 깔아 보자."

나뭇잎은 짚신 안에 딱 맞았어. 부드럽고 미끄러지지도 않고.

"그런대로 좋은걸."

이 나뭇잎을 짚신 바닥에 깔면 좋다는 소문은 금방 퍼졌어. 산에 나무하러 온 나무꾼들도 깔개로 사용했지.

"참 고마운 나무일세. 이제부터 이 나무를 신갈나무라고 부르세."

이처럼 신갈나무라는 이름은 '신을 간다'는 뜻에서 불리게 된 것이지.

　그리고 보니 도토리나무 중에 상수리나무·굴참나무·떡갈나무·신갈나무는 모두 사람들과의 인연으로 이름이 지어졌구나. 그만큼 나무와 사람은 떼려야 뗄 수 없는 관계이지.

　신갈나무도 특별히 자랑거리가 많은 나무야.

　"나 신갈나무는 도토리에서 싹이 트는 힘이 아주 강하지. 날 흙 속에 묻어 주기만 해 봐. 얼마 안 가 싹을 틔운다고. 심지어 열매를 한 해 묵혔다가 심어도 싹을 틔울 수 있지. 그리고 추위도 잘 견디어 참나무 중 제일 높은 산에서도 잘 자라. 그뿐이 아냐. 도토리도 제일 일찍 열리고 많이 달려 산짐승들이 좋아한다고."

　정말 신갈나무의 자랑거리가 많지. 도토리나무 형제 중 가장 많이 자라는 나무는 바로 신갈나무야. 그만큼 도토리도 많이 열리고, 땅에 떨어진 도토리에서 싹두 제일 많이 틔우지.

　신갈나무는 무리를 지어 자라는데, 어느 산의 중턱을 보면 신갈나무가 온통 숲을 이루고 있는 걸 볼 수 있어. 그 숲에 가면 도토리가 수북하게 떨어져 있겠지. 그러니 산짐승들에게는 신갈나무 도토리가 아주 고마운 식량이 되는 거야.

알고 보면 더 재미있어요

신갈나무는?

신갈나무는 참나무 중에서 그 수가 가장 많아 우리나라 산에서 흔하게 볼 수 있습니다. 다른 참나무들은 평지나 낮은 산기슭에서 자라지만, 신갈나무는 산 중턱 높은 곳에서 무리를 지어 자랍니다. 그만큼 추위에 강하고, 봄이 오면 가장 먼저 잎을 피우며, 열매도 일찍 열립니다. 일찍 많이 열리는 만큼 산에 사는 짐승들이 좋아하고, 사람들이 줍는 도토리도 신갈나무 열매가 제일 많습니다. 잎은 떡갈나무 잎과 비슷하며 크기가 조금 작습니다. 도토리 껍질은 두꺼우며, 깍정이는 비늘 조각이 기와처럼 포개져 있고 납작한 편입니다.

신갈나무

참나무는 왜 무리 지어 숲을 이룰까?

참나무는 많은 열매를 맺는 나무입니다. 열매가 익어서 저절로 떨어지면 멀리 가지 못하지요. 다른 작은 열매들은 새들이 먹고 씨앗을 퍼뜨리지만 열매가 큰 도토리는 그렇지 않습니다. 다람쥐 같은 동물이 먹이를 숨겨 놓았다가 못 먹은 것이나, 물에 떠내려간 열매가 싹을 틔우기도 하지만 아주 멀리 퍼지지는 못합니다. 참나무 종류는 이파리가 많은데, 그 이파리가 떨어져 그 자리에서 썩게 되고, 떨어진 도토리가 싹을 틔우는 데 거름이 됩니다.

신갈나무·굴참나무·졸참나무·떡갈나무 등은 가을에 열매가 떨어지고 그 열매가 뿌리를 내리고 겨울을 납니다. 새봄이 되면 새싹이 나고 줄기가 납니다. 하지만 상수리나무와 갈참나무 도토리는 낙엽 속에서 겨울을 나고, 봄이 되면 뿌리를 내리고 싹을 틔웁니다.

제일 키가 크고 잘생겼어요
단풍이 아름다운 갈참나무

   여러분, 푸른 산이 시커먼 잿더미로 변한 모습을 상상해 보세요. 검은 잿더미가 된 산에는 아무것도 살 수가 없어요. 산짐승도, 새들도, 곤충들도 보금자리를 잃게 되지요.

   조선 시대 실학자 정약용 선생님은 "산에서는 나라의 곡식만큼이나 중요한 것이 나오는 곳이다. 옛날 착한 임금들은 산림 가꾸는 것을 소중하게 여기었다."고 하였어요.

   곡식은 사람이 살아가는 데 없어서는 안 되는 식량이지요. 나무가 있는 산도 이처럼 중요한 것이에요.

그래서 '나무를 심는 것은 희망을 심는 것'이라고 했어요.

그런데 불이 난 도토리 할아버지의 뒷동산은 검은 산으로 변했어요. 청년은 늘 마주하고 인사하던 참나무가 있던 자리로 가 보았어요. 나무의 몸통은 다 타 버리고 땅 밑에 뿌리만 남아 있었어요.

"이 나무가 다시 자랄 수 있을까? 나무야, 미안해."

청년은 이번에도 미안하다고 말했어요.

검게 타서 죽은 산이 된 게 자기 잘못처럼 생각되었어요.

'언제 다시 나무들이 자라나 무성하고 푸른 산을 이룰까? 무엇을 어떻게 하면 될까?'

청년은 정말 막막했어요.

잠깐, 가을 산을 붉게 물들이는 갈참나무 이야기를 하고 할아버지 이야기를 계속할게요.

'갈'이란 '가을'의 준말이란다. 그러니까 갈참나무의 본래 이름은 '가을 참나무'이지.

왜 '가을 참나무'라고 불렀을까?

나무들이 푸른 숲을 이루고 가장 보기 좋은 때가 언제지? 아마 녹음이 짙은 6, 7월일 거야. 이때 산에 올라 보면 숲을 이룬 나무 중 가장 많은 것이 바로 도토리나무 육 형제야. 그러니까 우리나라 산의 주인공은 도토리나무들이라고 할 수 있지.

푸르던 나무들은 가을이 되면 울긋불긋 단풍이 들기 시작하지.

"아이고, 단풍이 곱기도 하지."

"온 산이 붉어 눈을 못 뜨겠네."

"오색이 영롱하니 마음도 고와지네."

사람들은 물든 나뭇잎을 보고 이렇게 찬사를 보내며 단풍 구경을 가는데, 이것을 단풍놀이라고 하지.

정말이지 온 산을 붉게 물들인 단풍은 참 아름답고 멋진 풍경이란다.

그중에서도 산자락과 산골짜기를 붉게 물들인 나무들은 무슨 나무일까?

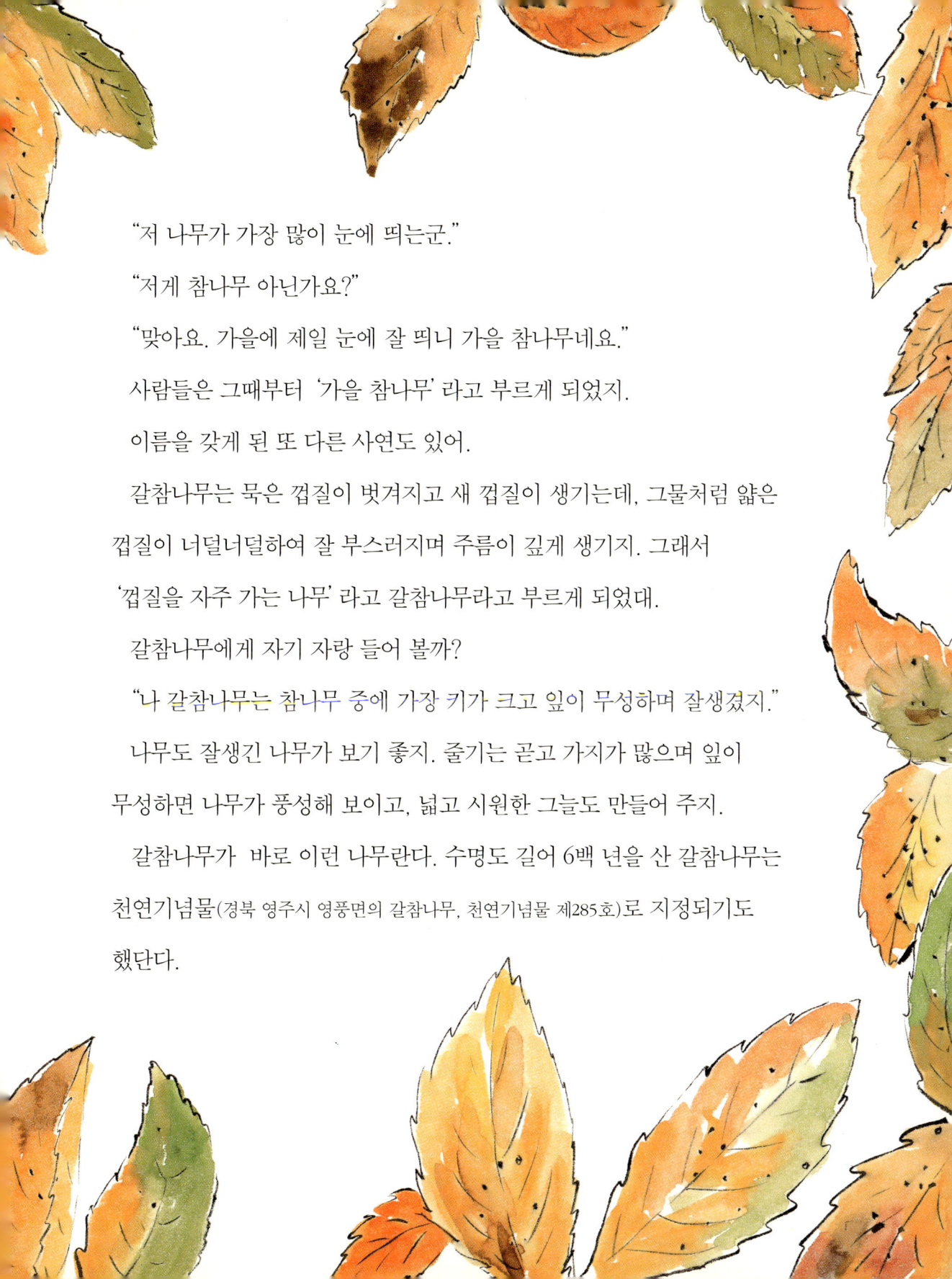

"저 나무가 가장 많이 눈에 띄는군."

"저게 참나무 아닌가요?"

"맞아요. 가을에 제일 눈에 잘 띄니 가을 참나무네요."

사람들은 그때부터 '가을 참나무'라고 부르게 되었지.

이름을 갖게 된 또 다른 사연도 있어.

갈참나무는 묵은 껍질이 벗겨지고 새 껍질이 생기는데, 그물처럼 얇은 껍질이 너덜너덜하여 잘 부스러지며 주름이 깊게 생기지. 그래서 '껍질을 자주 가는 나무'라고 갈참나무라고 부르게 되었대.

갈참나무에게 자기 자랑 들어 볼까?

"나 갈참나무는 참나무 중에 가장 키가 크고 잎이 무성하며 잘생겼지."

나무도 잘생긴 나무가 보기 좋지. 줄기는 곧고 가지가 많으며 잎이 무성하면 나무가 풍성해 보이고, 넓고 시원한 그늘도 만들어 주지.

갈참나무가 바로 이런 나무란다. 수명도 길어 6백 년을 산 갈참나무는 천연기념물(경북 영주시 영풍면의 갈참나무, 천연기념물 제285호)로 지정되기도 했단다.

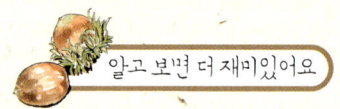 알고 보면 더 재미있어요

갈참나무는?

갈참나무는 산골짜기에 많이 자라지만 평지에서도 잘 자랍니다. 또한 기름진 땅에서 잘 자라지만 반쯤 그늘진 곳에서도 자라고 추위에도 강합니다. 참나무 중에 키가 30미터까지 자라는 큰키나무로, 5월에 한 나무에서 암꽃과 수꽃이 피며, 그해에 열매가 익어 떨어집니다. 잎은 거꿀 달걀형이고, 가장자리에 물결 모양의 톱니가 있습니다. 잎자루가 노란색, 빨간색을 띠고 있는데 길이는 1~3센티미터입니다. 도토리의 껍질은 어두운 갈색인데 그물처럼 가늘게 갈라집니다.

갈참나무

묵 맛이 제일 좋아요
열매가 작아 졸이 된 졸참나무

  봄이 왔어요. 청년은 고향의 뒷동산이 궁금했어요. 한달음에 달려가 동산에 올라가 보았어요.
  검은 산 군데군데에 연한 싹이 돋아나 있었어요.
"아니?"
  늘 마주하던 참나무, 그 타 버린 밑동에서 새로운 싹이 올라와 있었어요.
"살았구나!"
  청년은 새싹을 살며시 만져 보았어요.
"잿더미 속에서도 죽지 않고……고마워!"
  '고맙다'는 말이 절로 나왔어요. 나무가 죽지 않고 살아 있는 것이 은혜롭고 신기했어요.

청년은 산을 한 바퀴 돌아보았어요.

"참나무 싹이 많이 돋았구나!"

청년은 새로운 사실을 알게 되었어요. 검은 산에 새싹이 돋은 것은 모두 참나무였어요.

"참나무가 생명력이 강하구나."

순간, 청년은 가슴이 마구 뛰었어요.

"그래, 이 산을 다시 푸르게 만들려면 참나무를 키우자."

청년은 '참나무를 키우는 사람'이 되어야겠다고 생각했어요.

자, 이제 도토리나무 형제 중 막내인 '졸참나무' 이야기를 들려줄게요.

졸참나무는 산기슭이나 산골짜기에 많이 자라지.

예전에는 흉년이 들면 도토리로 먹을거리를 만들어 겨울 양식으로 삼았어.

가을이 되면 사람들이 산으로 올라와 도토리를 줍고 나무를 털었단다.

"이 도토리는 왜 이리 작나?"

열매가 너무 작아서 손으로 주우면 손가락 사이로 쏙쏙 빠져 버렸어.

"작아서 가루도 얼마 안 되겠는걸."

"맛도 없을 게야."

"돼지 밥이나 하면 좋겠군."

사람들은 작은 도토리를 주워 가지 않았단다. 열매가 마치 총알같이 생겼는데 아주 작았거든.

사람들은 상수리나무 도토리를 꺼내 작은 도토리와 비교해 보았어.

"허허, 왕과 졸 같네."

크니까 왕(王)이라고 하고, 작으니까 졸(卒)이라고 한 게지. 작은 것도 억울한데 졸이라니!

"저 나뭇잎을 봐. 왜 열매가 작은지 알겠군."

"나뭇잎도 졸이군."

사실은 나뭇잎의 크기와 열매의 크기는 아무 상관이 없단다.

그러던 어느 해, 지독한 흉년이 들자 사람들은 작은 도토리도 다 주워 갔지.

"아니, 이 작은 게 보기보다 가루가 많이 나오네."

"껍질이 얇아서 그런가 봐요."
"날것으로 먹어도 떫은맛이 덜한데."
사람들은 묵을 만들어 먹어 보았어.
"쫀득한 것이 맛이 좋아요."
"고소하고 단맛이 나요."
"허허, 졸참나무가 크기는 작아도 맛은 최고인걸."
이렇게 해서 사람들은 작을수록 맛이 좋은 '졸참나무'의 진가를 알게 되었단다.
아이들은 도토리 치기 놀이를 할 때, 졸참나무 도토리는 흙 속에 묻고 상수리나무 도토리는 폭탄으로 사용해. 작은 것을 묻어야 쉽게 드러나지 않고, 큰 것을 폭탄으로 써야 힘이 세니까 그런 거지.
"나 졸참나무가 열매랑 잎이 작다고 키까지 작은 건 아니지. 25미터까지 자라는데 큰 줄기는 곧게 자라 모양이 좋고, 작은 잎의 단풍도 정말 아름답다고."
맞아. 졸참나무가 단풍이 든 모습은 신갈나무만큼 곱고 아름답단다.

알고 보면 더 재미있어요

졸참나무는?

　졸참나무는 산 중턱에서 많이 자랍니다. 15미터 정도 자라는데, 큰 것은 25미터까지 자라지요. 거꿀 달걀형의 잎은 참나무 중 가장 작으며, 가장자리에 날카로운 톱니가 있습니다. 5월에 꽃이 피며 암수한그루이고, 꽃이 핀 그해에 열매가 익어 떨어집니다. 열매가 작아 '쌀 도토리'라고도 부르고, 묵 맛이 가장 좋아 '재량밤'이라고도 부릅니다.

졸참나무

기둥도 되고, 땔감도 되어요
참나무는 무엇이 될까?

고향으로 돌아온 청년은 망태기 하나를 어깨에 메고 산으로 올라갔어요. 참나무 지팡이를 하나 깎아 들고 이 산 저 산을 헤매고 다녔어요. 참나무가 어떻게 생겨나고, 어떤 종류가 있는지, 언제 싹이 트는지, 언제 꽃이 피고 열매가 열리는지, 어떻게 자라는지, 떨어진 이파리는 어떻게 썩고, 나무껍질은 어떻게 달라지는지 살펴보았어요. 그리고 차츰 참나무에 대한 모든 것을 알게 되었어요.

망태기에는 도토리를 가득 넣어 가지고 다녔어요. 열매의 종류에 따라 양지, 음지, 산자락, 산골짜기, 높은 중턱 등에 도토리를 심었어요. 참나무들은 잘 자랐어요. 거친 땅에서도, 불이 난 땅에서도 꿋꿋하게 자라나 가지를 뻗고 열매를 맺었어요.

"나무는 근심 없이 자라는구나."

맞아요. 모든 나무는 태양과 비와 바람만 있으면 근심 걱정 없이 잘 자라지요. 사람의 희망이 되어 준 나무는 자라서 사람에게 아낌없는 이익을 준답니다.

옛날에 한 도둑이 산속으로 숨어들었단다.
반평생 도둑질을 일삼은 도둑은 감옥에서 나온 뒤 또 도둑질을
한 거야.
"아, 배고파."
허기진 도둑은 나무가 우거진 풀밭에 누웠어. 어두워진 밤하늘에 별이
돋아났어.
그는 여러 번 죄를 뉘우치고 후회했지만 이미 때가 늦었다고 생각했지.
도둑은 가만히 한숨을 내쉬었어.
그때 주위에서 무슨 소리가 들려왔어.
"난 지팡이가 될래."
"난 빨랫방망이가 되어야지."
가만히 들어 보니 나무들이 하는
소리였단다.
"나는 성냥개비가 될래."
"난 집 기둥이 되고 싶어."
"난 나무다리가 될 거야."

"난 땔감이 되어야지."

"난 종이가 될래."

나무들은 다들 무엇인가 필요한 것이 되고 싶다고 했지.

도둑은 몸을 일으켜 가만히 일어났어.

"그럼 난 뭐가 되지?"

도둑이 자신에게 그렇게 물은 것은 처음이었단다.

이 이야기에서 보듯이 나무는 뭐든 되고자 한단다. 모두 사람들을 위해서이지. 특히 도토리나무 육 형제는 쓰임이 많은 나무야. 속이 단단하고 좋은 나무 향기가 나지. 나무줄기뿐 아니라 이파리, 열매, 껍질까지 모두 쓰임새가 있어 하나도 버릴 것이 없는 게 바로 참나무란다.

상수리나무는 집을 짓는 데 기둥으로 쓰이고, 굴참나무 껍질은 병마개로 쓰여. 떡갈나무로는 농부들이 쓰는 연장의 자루나 수레바퀴를 만들고, 신갈나무로는 배를 만들지. 갈참나무로는 마루판을 만들고, 졸참나무로는 배를 젓는 노를 만든단다.

참나무는 정말 쓰임이 많고, 사람을 위해서 모든 것을 아낌없이 주는 나무라는 것을 이제 알겠지?

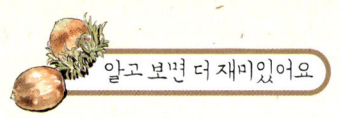 알고 보면 더 재미있어요

참나무의 여러 가지 쓰임

참나무 여섯 종류는 정말 쓰임새가 많답니다. 나무가 단단하고 썩지 않으며, 나뭇결이 곱고 윤이 나고, 결이 질기고 트지 않기 때문이지요. 집 짓는 목재, 배, 마루, 도끼나 곡괭이 같은 연장 자루, 가구 등을 만들고, 불에 태워 숯을 만들고, 땔감으로 쓰기도 합니다. 굴참나무 껍질로는 병마개를 만들고, 지붕을 덮기도 하지요. 또 버섯을 기르는 원목으로도 사용하는데, 졸참나무에는 표고버섯·능이버섯·영지버섯 등이 돋기도 합니다. 또 껍질이나 목재, 열매, 잎에서 물감을 뽑아 천이나 그물을 물들이곤 합니다. 줄기나 껍질, 열매, 새순은 설사, 부스럼 같은 것을 치료하는 약재로 쓰이기도 하지요.

반갑지 않은 친구들
냠냠, 달콤한 참나무

도토리 할아버지는 추운 겨울에도 산에 올라요.

나무들은 앙상한 가지를 드러내고 바람에 떨고 있어요. 하지만 참나무의 마른 잎들은 아직도 떨어지지 않고 매달려 있어요.

도토리 할아버지는 겨울이 두렵지 않아요. 참나무들이 추위에 얼어 죽는 일은 없지요. 모진 겨울을 이겨 내며 살아온 참나무들이기 때문에 이 땅의 산을 푸르게 덮을 수 있는 거지요.

도토리 할아버지에게 물어보았어요.

"어떻게 하면 나무를 잘 기를 수 있나요?"

"나무를 심을 때는 마치 자식을 기르듯이 조심조심해야 하지만, 한번 심어 두면 마치 버린 것처럼 그대로 두면 된단다. 저절로 마음대로 크도록 하는 게 이 강산을 푸르게 하는 것이지."

도토리 할아버지가 가장 염려하는 건 산불이에요. 앞에서 들려준 이야기 들었지요? 작은 불씨 하나가 푸른 산을 검은 무덤으로 만드는 것을요. 산이 죽으면 사람도 살 수 없어요.

"봄이 멀지 않구나."

도토리 할아버지는 나뭇가지를 살펴보고 중얼거렸어요.

나뭇가지 끝을 자세히 보면 겨울눈이 있단다. 겨울눈은 지난여름부터 생겨난 싹이지. 끝은 뾰족하고 가지와 겨울눈에는 털이 있지.

새봄이 오면 겨울눈에서 제일 먼저 새싹이 피어나지. 죽은 듯했던 가지에서 잎이 돋아나고, 꽃이 피고, 열매가 달리는 거야. 그러면 참나무를 꼭 필요로 하는 친구들이 찾아온단다. 하지만 그 친구들은 참나무를 무척 괴롭히는 친구들이지. 그 친구들이 누구냐고?

참나무에는 나무즙이 흐르지. 그 맛은 아주 달콤하여 숲에 사는 곤충들이 아주 좋아한단다. 장수풍뎅이·사슴벌레·말벌·나방·풍뎅이 같은 곤충들이 나무즙을 서로 차지하려고 싸움을 벌인단다. 사슴벌레 종류는 아예 참나무의 옹이구멍 속에 숨어 살고 있지.

산에 올라가거든 참나무의 밑동 줄기를 한번 살펴봐. 껍질이 상처투성이가 되어 있는 걸 볼 수 있을 거야. 옹이구멍이나 상처 난 껍질로 나무즙이 모이면 곤충들은 그것을 빨아 먹는단다.

곤충들이 나무즙만 빨아 먹으면 괜찮은데, 나무속을 파먹기 때문에 나무는 병이 들고, 나무즙을 빼앗겨 열매를 많이 맺지 못하기도 한단다. 참나무는 이렇게 곤충들한테까지 먹이를 주고도 상처를 입는단다.

참나무의 겨울눈

옹기구멍이 난 참나무

이제 도토리나무, 아니 참나무 육 형제 이야기를 마쳐야겠네. 참나무는 아주 흔하고 우리와 친숙한 나무라는 걸 알았지?

그러니 공원이나 산에 가거든 주위를 둘러봐. 바로 눈앞에 키 큰 참나무가 서 있을 거야. 그러면 이런 노래를 힘차게 불러 주려무나.

참나무에서 나무즙을
빨아 먹고 있는 곤충들

나무 나무 참나무
진짜 좋은 도토리나무
단단해서 집을 짓고
가구도 만들고
종이도 만들고
참숯도 만들고
병마개도 만들고
진짜 좋은 나무 참나무

나무 나무 참나무
진짜 좋은 도토리나무
도토리로 묵 만들고
다람쥐도 좋아하고
우리 모두 좋아하지
참나무는 꿀밤나무
땔감 나무 참나무
진짜 좋은 참나무

🍂 참고한 책

《나무 도감》, 도토리 기획, 보리, 2001.
《나무 해설 도감》, 윤주복, 진선출판사, 2008.
《도토리의 비밀》, 김은애 외, 교육문화사, 1998.
《열두 달 자연놀이》, 붉나무, 보리, 2008.
《한국의 나무문화》, 송홍선, 문예산책, 1996.

🍂 사진 협조

박상진(경북대 임산공학과 명예교수)
심현용(울진군청 학예연구사)